FÊTE DE JEANNE D'ARC

PROCESSION GÉNÉRALE

QUI SE FAIT EN MÉMOIRE

DE LA DÉLIVRANCE DE LA VILLE D'ORLÉANS

le 8 Mai 1428

ORLÉANS

IMPRIMERIE ALPHONSE GATINEAU
Libraire de l'Evêché
Rues Royale et Jeanne-d'Arc

1852

Itinéraire officiel de la Procession.

Après la cérémonie religieuse, le cortége sortira de la Cathédrale par le grand portail.

Il suivra la place Sainte-Croix, la rue Jeanne d'Arc, la rue Royale et le Pont, pour se rendre sur l'ancienne place des Tourelles, lieu témoin des exploits de JEANNE D'ARC.

Il y sera fait une station.

Une salve d'artillerie annoncera le retour du cortége, qui se remettra en marche par la place de la Bascule, le Quai, le Pont, la rue Royale, le Martroi, la rue d'Escures, la place de l'Etape, la rue de l'Evêché, et rentrera à la Cathédrale par le portail faisant face à la Bibliothèque.

A la rentrée du cortége à la Cathédrale, sera chanté un *Te Deum*.

ORDRE
DE LA PROCESSION
GÉNÉRALE

Qui se fait tous les ans, le 8 Mai, en action de graces à Dieu pour la Délivrance de la Ville d'ORLÉANS du Siège des Anglois, par l'entremise de JEANNE D'ARC, communément appelée LA PUCELLE D'ORLÉANS;

CE qui est arrivé le susdit jour huit mai, l'an de notre Seigneur 1429, sous le règne de Charles VII, Jean de Saint-Michel alors Evêque d'Orléans.

Réformé par ordre de Monseigneur l'Evêque d'Orléans.

A ORLÉANS,

De l'imprimerie de J. M. ROUZEAU-MONTAUT, Imprimeur du Roi, de Monseigneur le Duc d'Orléans, de l'Evêché, de la Municipalité, de l'Université, &c.

M. DCC. XC.

ORDONNANCE
DE MONSEIGNEUR
L'EVÊQUE D'ORLÉANS,

Pour régler le tour de la Procession générale qui se fait le huit mai, en mémoire de la Délivrance de la Ville.

LOUIS - SEXTIUS DE JARENTE, par la grace de Dieu & l'autorité du saint Siège Apostolique, Evêque d'Orléans, Commandeur de l'Ordre du saint-Esprit, &c.

Vu la requête à nous présentée par les Officiers Municipaux de la ville d'Orléans, expositive que le monument érigé sur l'ancien pont par le Roi Charles VII, en mémoire de la délivrance de cette Ville assiégée par les Anglois en mil quatre cent vingt-neuf, étant rétabli dans sa première forme, mais dans un lieu différent, ils estimeroient qu'il seroit convenable que la Procession générale qui se fait tous les ans, le huit mai, en action de graces de ce grand événement, suivît la marche qu'ils nous proposoient, & passât auprès dudit monument qui vient d'être rétabli; pourquoi ils requéroient qu'il nous plût régler de nouveau le tour de ladite Procession, tant pour le bon ordre, que pour la commodité de ceux qui y affistent. Nous, ayant aucunement égard à la demande & au projet des Requérans, avons ordonné & ordonnons que déformais la Proceffion générale qui fe fait tous les ans, le huit mai, fortant de notre Eglife cathédrale par la porte latérale du midi, paffera par la rue de l'Ecrivinerie, & continuera fa marche en droite ligne par la rue Bourgogne, jufqu'au coin de l'ancienne porte Dunoife; que de là elle defcendra la rue Sainte-Catherine, paffera par la porte de l'ancien pont, pour fe rendre à l'église des Auguftins; qu'au retour de cette église ladite Proceffion fuivra la rue Royale, à l'angle de laquelle fe trouve rétabli le monument autrefois érigé fur l'ancien pont; qu'enfuite elle s'avancera vers la place du Martroi, la rue d'Efcures & la place de l'Etape, pour rentrer dans la Cathédrale par la porte latérale du nord; & qu'on chantera à ladite Proceffion générale les Prières ci-après indiquées. Sera notre préfente ordonnance publiée & affichée par-tout où befoin fera. Donné à Orléans, en notre palais épifcopal, le vingt-deux avril mil fept cent foixante-douze.

Signé † LOUIS-SEXTIUS DE JARENTE,
Evêque d'Orléans.

Par Monfeigneur,

CORDIER.

ORDRE DES PRIERES.

En commençant la Procession, on chantera le R/. *Non audietur*, page 1 du Livret.

Après ce R/. on chantera celui de saint Mamert, *Ecce sacerdos*, page 3.

Ce R/. fini, les Musiciens de Saint Aignan chanteront le R/. de saint Aignan, *Properans homo*, page 6.

Ces R/R/. conduiront jusques vers le milieu du pont, où étant arrivés, un des Chapiers entonnera l'Antienne *Hi in curribus*, page 8; l'autre commencera le Pseaume *Omnes gentes*, page 9, que les deux chœurs continueront alternativement, avec les deux Pseaumes suivans, jusqu'à l'église des Augustins, où étant entrés, on chantera l'Antienne *Hi in curribus*, ensuite l'Antienne *Regina cœli*, avec le V/. & l'Oraison qui suivent, page 12.

L'Oraison finie, on chantera en faux-bourdon, dans la même église, le Cantique de Moïse, *Cantemus*, avec l'Antienne *Dextera*, page 13, & les Prières & Oraisons suivantes, pages 15, 16 & 17.

Lorsque la Procession sort des Augustins, on entonne l'Antienne *Benedictus*; ensuite le Pseaume *In exitu*, page 17; le Cantique de Débora, *Qui spontè*, page 19, & les Pseaumes *Nisi quia Dominus*, & *Fundamenta*, page 21; après quoi on chante l'Antienne *Benedictus*, page 22.

Etant arrivés vers le cimetière de Saint Pierre-en-sentelée, on chantera l'Hymne *Luce quanta*, page 23, jusqu'à l'église de Sainte-Croix, où étant entrés, on dira les V/. & Oraison de la Croix, page 27.

MM. les Chanoines de Saint Aignan, en retournant à leur église, chantent le R/. *Sint lumbi*, page 27.

¶ Quand le mauvais temps ne permet pas de sortir, la Procession se fait dans l'intérieur de l'église cathédrale, & on commence par le R̥. *Non audietur*, qui durera jusqu'à la chapelle de la sainte Vierge, où étant arrivés, on chantera l'Antienne *Regina cœli*, comme aux Augustins, avec le ỹ. & l'Oraison, page 12.

L'Oraison finie, on chantera en faux-bourdon, à la même station, le Cantique de Moïse, *Cantemus*, avec l'Antienne *Dextera*, page 13; & les Prières & Oraisons suivantes, pages 15, 16 & 17.

En retournant au chœur on entonne l'Antienne *Benedictus*; ensuite le Cantique de Débora, *Qui spontè*, page 19. S'il est nécessaire, on ajoute le Pseaume *Fundamenta*, page 21; après quoi on chante l'Antienne *Benedictus*, page 22.

La Procession étant rentrée dans le chœur, on dira les ỹ. & Oraison de la Croix, page 27.]

La veille de la Solemnité, après Complies, on chante Matines dans l'Eglise d'Orléans, auxquelles assistent MM. les Maire & Officiers Municipaux.

Le jour de la Fête, après Tierce, on fait un Discours sur la délivrance de la Ville; & immédiatement après on célèbre solemnellement la Messe du jour, à laquelle assistent MM. les Maire & Officiers Municipaux. La Messe étant achevée, on chante Sexte; ensuite on commence la Procession.

Sortant de l'Eglise par la porte latérale du midi, en descendant par la rue de l'Ecrivinerie, & continuant en droite ligne par la rue Bourgogne jusqu'au coin de l'ancienne porte Dunoise; ensuite, descendant la rue Sainte-Catherine, & passant par la porte de l'ancien pont, on chante jusques vers le milieu du pont, les Répons qui suivent. Le Prélat, ou Chanoine Officiant, revêtu de sa chape, accompagné des Diacre, Sous-Diacre & de deux Chapiers, entonnent le Répons ci-après.

RÉPONS

RÉPONS du 4.

Non au-di-e-tur ul-trà i-ni-qui-tas in terra tu-a, va-sti-tas & con-tri-ti-o in termi-nis tu-is :

ris. * Occu-pa- bit ſa- lus. Glo-

ri- a. *du 4.* ℟. Non au- di-

e- tur. *Iſaï.* 60 & 65.

Enſuite un RÉPONS DE S. MAMERT.

℟. *du 8.*

EC-ce Sacerdos magnus,

qui in di- e- bus ſu- is pla-

cu- it De- o, & inven- tus

ta- vit im- pe-tum ;

* Et in. Glo- ri- a

Pa- tri, & Fi- li- o, &

Spi- ri- tu- i ſan-

&to.   ℟. Ecce. *Eccl. 50. Sap. 18.*

Ces deux Répons étant achevés, les Muſiciens de Saint Aignan commencent le Répons ſuivant, qui doit durer juſqu'à la grille du pont.

8

te ; * Pro- fe- rens servi- tu- tis

su- æ.   Glo- ri- a   Pa- tri ,

&   Fi- li- o,   &   Spi- ri- tu-

i   san-   cto.   ℟. Pro-   pe-

rans   ho- mo.   *Sap. 18. 2. Mac. 15.*

Ce Répons étant fini, un des Chapiers entonne l'Antienne,

Hi   in   cur- ri- bus.   6. F.

L'autre

L'autre commence le Pſeaume Omnes gentes, *que les deux Chœurs continuent alternativement, avec les deux ſuivans, ſur le même ton, juſqu'aux Auguſtins.*

Pſeaume 46.

Omnes gentes, plaudite manibus; * jubilate Deo in voce exultationis.

Quoniam Dominus excelſus, terribilis, * rex magnus ſuper omnem terram.

Subjecit populos nobis, * & gentes ſub pedibus noſtris.

Elegit nobis hereditatem ſuam, * ſpeciem Jacob, quam dilexit.

Aſcendit Deus in jubilo, * & Dominus in voce tubæ.

Pſallite Deo noſtro, pſallite; * pſallite regi noſtro, pſallite.

Quoniam rex omnis terræ Deus, * pſallite ſapienter.

Regnabit Deus ſuper gentes: * Deus ſedet ſuper ſedem ſanctam ſuam.

Principes populorum congregati ſunt cum Deo Abraham; * quoniam dii fortes terræ vehementer elevati ſunt. Gloria Patri, &c.

Pſeaume 121.

Lætatus ſum in his quæ dicta ſunt mihi: * In domum Domini ibimus.

Stantes erant pedes noſtri * in atriis tuis, Jeruſalem.

Jerusalem, quæ ædificatur ut civitas, * cujus participatio ejus in idipsum.

Illùc enim ascenderunt tribus, tribus Domini, testimonium Israël, * ad confitendum nomini Domini.

Quia illic sederunt sedes in judicio, * sedes super domum David.

Rogate quæ ad pacem sunt Jerusalem, * & abundantia diligentibus te.

Fiat pax in virtute tua, * & abundantia in turribus tuis.

Propter fratres meos & proximos meos, * loquebar pacem de te.

Propter domum Domini Dei nostri, * quæsivi bona tibi. Gloria Patri, &c.

Pseaume 19.

EXaudiat te Dominus in die tribulationis, * protegat te nomen Dei Jacob.

Mittat tibi auxilium de sancto, * & de Sion tueatur te.

Memor sit omnis sacrificii tui, * & holocaustum tuum pingue fiat.

Tribuat tibi secundùm cor tuum, * & omne consilium tuum confirmet.

Lætabimur in salutari tuo, * & in nomine Dei nostri magnificabimur.

Impleat Dominus omnes petitiones tuas: * nunc cognovi quoniam salvum fecit Dominus christum suum.

Exaudiet illum de cœlo sancto suo : * in potentatibus salus dexteræ ejus.

Hi in curribus, & hi in equis : * nos autem in nomine Domini Dei nostri invocabimus.

Ipsi obligati sunt & ceciderunt; * nos autem surreximus & erecti sumus.

Domine, salvum fac regem, * & exaudi nos in die quâ invocaverimus te. Gloria.

Ant. HI in cur-ri-bus, & hi in e-quis : nos au- tem in no-mi-ne Do-mi-ni De- i no-stri in-vo-ca-bimus. Al-le-lu-ia. Se-cu-lo-rum. Amen.

La Procession étant entrée aux Augustins, le Prélat entonne l'Antienne suivante.

Antienne.

Regina cœli, lætare, alleluia;
Quia quem meruisti portare, alleluia;
Resurrexit sicut dixit; alleluia :
Ora pro nobis Deum; alleluia.

L'Antienne finie, le Prélat dit le Verset

℣. Secundùm multitudinem dolorum meorum in corde meo,

℟. Consolationes tuæ lætificaverunt animam meam.

OREMUS.

Deus, qui per resurrectionem Filii tui Domini nostri Jesu Christi mundùm lætificare dignatus es; præsta quæsumus, ut intercedente ejus genitrice Virgine Mariâ, perpetuæ capiamus gaudia vitæ; Per eumdem Dominum nostrum Jesum Christum filium tuum, qui tecum vivit & regnat in unitate Spiritûs sancti Deus, per omnia secula seculorum. ℟. Amen.

Le Prêtre dit : Dominus vobiscum;

℟. Et cum spiritu tuo.

Les Enfans : Benedicamus Domino.

℟. Deo gratias.

L'Oraison finie, un des Chapiers entonne l'Antienne Dextera tua, Domine *; & l'autre commence le Cantique suivant, que les deux Chœurs de musique chantent alternativement en faux-bourdon.*

Antienne.

Dex-te-ra tu-a, Do-mine. 5. a.

Cantique de Moïse. Exode 15.

CAntemus Domino, gloriosè enim magnificatus est; * equum & ascensorem dejecit in mare.

Fortitudo mea, & laus mea Dominus, * & factus est mihi in salutem.

Iste Deus meus, & glorificabo eum; * Deus patri mei, & exaltabo eum.

Dominus quasi vir pugnator; Omnipotens, nomen ejus: * currus Pharaonis, & exercitum ejus projecit in mare.

Electi principes ejus submersi sunt in mari rubro ; * abyssi operuerunt eos, descenderunt in profundum quasi lapis.

Dextera tua, Domine, magnificata est in fortitudine; dextera tua, Domine, percussit inimicum, * & in multitudine gloriæ tuæ deposuisti adversarios tuos.

Misisti iram tuam, quæ devoravit eos sicut stipulam, * & in spiritu furoris tui congregatæ sunt aquæ.

Stetit unda fluens; * congregatæ sunt abyssi in medio mari.

Dixit inimicus, Persequar, & comprehendam, dividam spolia ; * implebitur anima mea.

Evaginabo gladium meum, * interficiet eos manus mea.

Flavit spiritus tuus, & operuit eos mare; * submersi sunt quasi plumbum in aquis vehementibus.

Quis similis tuî in fortibus, Domine, quis similis tuî ? * Magnificus in sanctitate, terribilis atque laudabilis, faciens mirabilia.

Extendisti manum tuam, & devoravit eos terra; * dux fuisti in misericordia tua populo quem redemisti.

Et portasti eum in fortitudine tua * ad habitaculum sanctum tuum.

Ascenderunt populi & irati sunt, * dolores obtinuerunt habitatores Philistiim.

Tunc conturbati sunt principes Edom, robustos Moab obtinuit tremor : * obriguerunt omnes habitatores Chanaan.

Irruat super eos formido & pavor * in magnitudine brachii tui.

Fiant immobiles quasi lapis, donec pertranseat populus tuus, Domine, * donec pertranseat populus tuus iste quem possedisti.

Introduces eos, & plantabis in monte hereditatis tuæ, * firmissimo habitaculo tuo, quod operatus es, Domine.

Sanctuarium tuum, Domine, quod firmaverunt manus tuæ : * Dominus regnabit in æternum & ultrà.

Ingressus est enim eques Pharao cum curribus & equitibus ejus in mare ; * & reduxit super eos Dominus aquas maris ;

Filii autem Israël ambulaverunt per siccum * in medio ejus.

Gloria Patri & Filio & Spiritui sancto ;

Sicut erat in principio & nunc & semper, * & in secula seculorum. Amen.

ANTIENNE.

Dextera tua, Domine, magnificata est in fortitudine ; dextera tua, Domine, percussit inimicum ;

Al- le- lu- ia. Se- cu- lo- rum. Amen.

Le Cantique fini, le Prélat dit les Versets suivans, avec les deux Oraisons sous une même conclusion.

℣. Tu humiliasti sicut vulneratum superbum.

℟. In brachio virtutis tuæ dispersisti inimicos tuos.

℣. Domine, salvum fac Regem ;

℟. Et exaudi nos in die qua invocaverimus te.

℣. Domine, exaudi orationem meam,

℟. Et clamor meus ad te veniat.

℣. Dominus vobiscum ;

℟. Et cum spiritu tuo.

OREMUS.

DEus, qui neminem in te sperantem nimium affligi permittis, sed pium precibus præstas auditum ; benignè suscipe quas pro collatis donis piissimæ majestati tuæ agimus gratias, tuam semper clementiam exorantes, ut Aurelianorum civitatem, quam de hostium manibus liberare dignatus es, ab omni in posterum adversitate custodias, & nos in tuo facias semper amore ferventes. Quæsumus

17

QUæsumus, omnipotens Deus, ut famulus tuus N. Rex noster, qui tuâ miseratione suscepit regni gubernacula, virtutum etiam omnium percipiat incrementa : quibus decenter ornatus, & vitiorum monstra devitare, hostes superare, & ad te, qui via, veritas & vita es, gratiosus valeat pervenire ; Per Dominum, &c.

℣. Dominus vobiscum,
℟. Et cum spiritu tuo.
Les Enfans : Benedicamus Domino.
℟. Deo gratias.

La Procession s'en retournant en même ordre, un des Chapiers entonne l'Antienne Benedictus ; & l'autre commence le Pseaume In exitu, pour le continuer avec le Cantique & les Pseaumes suivans, sur le même ton, jusque proche l'église de Saint Pierre-en-sente-lée.

Ant. Be-ne-di-ctus Do-mi-nus. 8. G.

Pseaume 113.

IN exitu Israël de Ægypto, * domûs Jacob de populo barbaro;

Facta est Judæa sanctificatio ejus, * Israël potestas ejus.

Mare vidit & fugit, * Jordanis conversus est retrorsum.

D

Montes exultaverunt ut arietes, * & colles sicut agni ovium.

Quid est tibi, mare, quòd fugisti ? * & tu, Jordanis, quia conversus es retrorsùm ?

Montes, exultastis sicut arietes, * & colles sicut agni ovium ?

A facie Domini mota est terra, * à facie Dei Jacob,

Qui convertit petram in stagna aquarum, * & rupem in fontes aquarum.

Non nobis, Domine, non nobis, * sed nomini tuo da gloriam, super misericordia tua & veritate tua ;

Nequando dicant gentes: * Ubi est Deus eorum ?

Deus autem noster in coelo; * omnia quæcumque voluit, fecit.

Simulacra gentium, argentum & aurum, * opera manuum hominum.

Os habent, & non loquentur; * oculos habent, & non videbunt.

Aures habent, & non audient; * nares habent, & non odorabunt.

Manus habent, & non palpabunt; pedes habent, & non ambulabunt; * non clamabunt in gutture suo.

Similes illis fiant qui faciunt ea, * & omnes qui confidunt in eis.

Domus Israël speravit in Domino; * adjutor eorum & protector eorum est.

Domus Aaron speravit in Domino; * adjutor eorum & protector eorum est.

Qui timent Dominum, speraverunt in Domino; * adjutor eorum & protector eorum est.

Dominus memor fuit nostri, * & benedixit nobis.

Benedixit domui Israël, * benedixit domui Aaron.

Benedixit omnibus qui timent Dominum, * pusillis cum majoribus.

Adjiciat Dominus super vos, * super vos & super filios vestros.

Benedicti vos à Domino, * qui fecit cœlum & terram.

Cœlum cœli Domino; * terram autem dedit filiis hominum.

Non mortui laudabunt te, Domine, * neque omnes qui descendunt in infernum.

Sed nos qui vivimus, benedicimus Domino, * ex hoc nunc, & usque in seculum.

Gloria Patri, &c.

Cantique de Débora. Jug 5.

QUi spontè obtulistis de Israël animas vestras ad periculum, * benedicite Domino.

Audite reges, auribus percipite principes : * Ego sum, ego sum quæ Domino canam, psallam Domino Deo Israël.

Domine, cùm exires de Seir, & transires per regiones Edom, * terra mota est, coelique ac nubes distillaverunt aquis.

Montes fluxerunt à facie Domini, * & Sinai à facie Domini Dei Israël.

Cessaverunt fortes in Israël, & quieverunt, * donec surgeret mater in Israël.

Nova bella elegit Dominus, * & portas hostium ipse subvertit.

Clypeus & hasta si apparuerint * in quadraginta millibus Israël.

Cor meum diligit principes Israël: * qui propriâ voluntate obtulistis vos discrimini, benedicite Domino.

Qui sedetis in judicio, * & ambulatis in via, loquimini.

Ubi collisi sunt currus, & hostium suffocatus est exercitus, * ibi narrentur justitiæ Domini, & clementia in fortes Israël.

Tunc descendit populus Domini ad portas, * & obtinuit principatum.

Salvatæ sunt reliquiæ populi : * Dominus in fortibus dimicavit.

De Machir principes descenderunt, & de Zabulon, * qui exercitum ducerent ad bellandum.

Venerunt reges & pugnaverunt, * pugnaverunt reges Chanaan in Tanach juxta aquas Mageddo.

Ungulæ equorum ceciderunt fugientibus impetu : * & per præceps ruentibus fortissimis hostium.

Sic pereant omnes inimici tui, Domine : * qui autem diligunt te, sicut sol in ortu suo splendet, ita rutilent. Gloria Patri, &c.

Pseaume 123.

NIsi quia Dominus erat in nobis, dicat nunc Israël, * nisi quia Dominus erat in nobis.

Cùm exurgerent homines in nos, * fortè vivos deglutissent nos.

Cùm irasceretur furor eorum in nos, * forsitan aqua absorbuisset nos.

Torrentem pertransivit anima nostra ; * forsitan pertransisset anima nostra aquam intolerabilem.

Benedictus Dominus, * qui non dedit nos in captionem dentibus eorum.

Anima nostra sicut passer erepta est * de laqueo venantium.

Laqueus contritus est, * & nos liberati sumus.

Adjutorium nostrum in nomine Domini, * qui fecit cœlum & terram. Gloria Patri.

Pseaume 86.

FUndamenta ejus in montibus sanctis : * diligit Dominus portas Sion super omnia tabernacula Jacob.

Gloriosa dicta sunt de te, * civitas Dei.

Memor ero Rahab & Babylonis * scientium me.

Ecce alienigenæ & Tyrus, & populus Æthiopum, * hi fuerunt illìc.

Nunquid Sion dicet : Homo & homo natus est in ea; * & ipse fundavit eam Altissimus?

Dominus narrabit in scripturis populorum & principum, * horum qui fuerunt in ea.

Sicut lætantium omnium * habitatio est in te.   Gloria Patri, &c.

Antienne.

B E-ne-di ctus Do mi-nus, qui non de-dit nos in capti-o- nem den- ti- bus e- o- rum ; al- le- lu- ia. Se-cu-lo-rum. Amen.

La Procession étant arrivée à la porte principale de Saint Pierre-en-sente-lée, les deux Chœurs commen-

cent de chanter l'un après l'autre les Hymnes qui suivent, en revenant à Sainte-Croix.

HYMNES.

Luce quanta se sub unâ
Offerunt solemnia !
Templa sunt hæc dedicata
Quo reperta Crux die :
Juncta festa personemus
Ritè junctis vocibus.

SUMMUS olim qui sacerdos
   Immolabat victimas,
Victimarum consecrabat
   Templa sparso sanguine,
Et cruentam stans ad aram,
   Expiabat crimina.

TRANSIERE cum figuris
  Vana tot legalia;
Ara crux, quâ Christus offert
  Corpus atque sanguinem;
Ipse factus, qui litabat,
  Pontifex & hostia.
UNCTA crux Dei cruore,
  Quàm potens, & efficax!
Hujus attactu jacentes
  Erigunt se mortui,
Christus olim quâ pependit,
  Tanta vis fuit cruci!
TEMPLA spirant sanctitatem,
  Uncta sancto chrismate;
Nempè descendens ab alto
  Numen ipsum continent:
Ut crucis ligno latebat,
  Sic latet templo Deus.

PUBLICI fontes salutis,
  Sacra Christi vulnera;
Vulneratos illa sanant,
  Instar anguis ænei:
Quisquis æger speret, & spe
  Non suâ fraudabitur.
TEMPLA valvis sic apertis
  Ad salutem pandimus;
Numen hîc præsens adoret,
  Per fidem sanabitur.

Qui laboras, Christus inquit,
  Sublevabo, si venis.
CRUX tribunal quo sedebit
  Justus ultor criminum;
Non deest templis tribunal,
  Quo nocentes judicat.
Spontè si nos judicemus,
  Cedet ira Judicis.
LATRO supplex dum fatetur
  Crimen indulget Deus.
Supplicemus, & remittet
  Nostra clemens crimina;
Nosque primi puniamus,
  Ne secundus puniat.

TOTIUS fons sanctitatis,
  Sancta quo sunt omnia,
Christe, Patris par imago,
  Pura proles virginis,
Molle cujus corpus almo
  Consecratur Numine.
IN locis ubi sedebas,
  Hospes acceptus domo,
Hanc domum tu dedicabas
  Vel tuâ præsentiâ;
Tota se vis exerebat
  Delitentis Numinis.
MAGNA signa si patrasti
  Quando morti debitus,

Te quibus signis probabis
    Quando totus es Deus?
Non crucis jam stans ad aram,
    Qui tuo templo sedes.
Tu sacerdos, ipse templum,
    Ara, necnon hostia;
Semper agnus immolaris
    Incruento funere:
Indiges non hîc ministris,
    Caritas te *te* immolat.
SEMPER oras hîc parentem,
    Supplices tendis manus,
Ipse judex, & patronus,
    Proque nobis Pontifex,
Qui tuo quodcumque crimen
    Expiasti sanguine.
HOC piatos in lavacro,
    Nos & unctos chrismate,
Unde nos, gens Christiana
    Dicimur nos, & sumus.
Labe puros, Christe, serves
    Christianos moribus.
SEMPITERNO laus Parenti,
    Sempiterna gloria;
Filioque, qui redemit
    Morte nos volens suâ;
Flaminique, cujus almo
    Consecramur halitu.   Amen.

Quand la Procession générale est rentrée dans l'église, & les Hymnes étant achevées, le Prélat commence le Verset qui suit.

℣. Deus rex noster ante secula,
℟. Operatus est salutem in medio terræ.

OREMUS.

DEus, qui in præclara salutiferæ crucis inventione, passionis tuæ miracula suscitasti ; concede ut vitalis ligni pretio, æternæ vitæ suffragia consequamur ; Qui vivis & regnas cum Deo Patre in unitate Spiritûs sancti Deus, per omnia secula seculorum. Amen.

℣. Dominus vobiscum,
℟. Et cum spiritu tuo.
℣. Benedicamus Domino.
℟. Deo gratias.
Fidelium animæ per misericordiam Dei, requiescant in pace. ℟. Amen.

MM. les Chanoines de Saint Aignan, en retournant à leur église, chantent le Répons suivant.

RÉPONS.

Sint lumbi vestri præ-

li- o, & Spi- ri- tu- i sancto. * Et vos. *Luc. 12. Matt. 24.*

Ensuite l'Hymne

TE Deum laudamus, * te Dominum confitemur.

Te æternum Patrem * omnis terra veneratur.

Tibi omnes Angeli, * tibi cœli & universæ potestates;

Tibi Cherubim & Seraphim * incessabili voce proclamant:

Sanctus, sanctus, sanctus * Dominus Deus sabaoth.

Pleni sunt cœli & terra * majestatis gloriæ tuæ.

Te gloriosus * Apostolorum chorus,

Te Prophetarum * laudabilis numerus,

Te Martyrum candidatus * laudat exercitus.

Te per orbem terrarum * sancta confitetur Ecclesia.

Patrem * immensæ majestatis.

Venerandum tuum verum * & unicum Filium.

Sanctum quoque * paracletum Spiritum.

Tu rex gloriæ, * Christe.

Tu Patris * sempiternus es Filius.

Tu ad liberandum suscepturus hominem * non horruisti Virginis uterum.

Tu, devicto mortis aculeo, * aperuisti credentibus regna cœlorum.

Tu ad dexteram Dei sedes,* in gloria Patris.

Judex crederis * esse venturus.

Te ergo quæsumus, famulis tuis subveni, * quos pretioso sanguine redemisti.

Æterna fac * cum Sanctis tuis in gloria numerari.

Salvum fac populum tuum, Domine, * & benedic hæreditati tuæ.

Et rege eos, * & extolle illos usque in æternum.

Per singulos dies * benedicimus te.

Et laudamus nomen tuum in seculum, * & in seculum seculi.

Dignare, Domine, die isto * sine peccato nos custodire.

Miserere nostri, Domine, * miserere nostri.

Fiat misericordia tua, Domine, super nos, * quemadmodum speravimus in te.

In te, Domine, speravi : * non confundar in æternum.

On chante dans la même église, pendant la semaine, le Verset suivant.

℣. Tu humiliasti sicut vulneratum superbum.

℟. In brachio virtutis tuæ dispersisti inimicos tuos.

Et l'Oraison de Saint Aignan.

ADesto, quæsumus, omnipotens Deus, familiæ tuæ precibus, quas in beati Aniani solemnitate, tuæ offerimus majestati ; & præsta ut sicut ad supplicationes sancti hujus Pontificis, civitati Aurelianensi in afflictione positæ succurristi, ita & nos, ipso apud te intercedente, ab hostium nostrorum visibilium & invisibilium insidiis potenter eripias; Per Dominum nostrum, &c.

Le même jour huit mai, à deux heures après midi, on chante dans l'église de Saint Aignan l'Office pour ceux qui sont morts pendant le siège de la ville ; & le lendemain, à dix heures du matin, on y dit aussi une Messe solemnelle des Défunts, où l'on offre du pain & du vin, à laquelle assistent les Maire & Officiers Municipaux de la ville d'Orléans.

FIN.

AVIS DE L'ÉDITEUR

Indépendamment des Publications locales dont ce Catalogue est composé, je peux offrir un choix très-varié de Livres de piété, d'éducation, et de première communion, dans tous les formats et dans toute espèce de reliure.

Grand assortiment de Livres richement reliés en velours et en maroquin pour mariage et pour cadeaux.

Garnitures de volumes, avec fermoirs, coins, chiffres, couronnes, armoiries, emblèmes, etc.

Livres de Théologie. — Jurisprudence. — Sciences et Arts. — Belles-Lettres. — Histoire. — Physique et Chimie. — Agriculture et Jardinage. — Botanique. — Médecine. — Mathématiques. — Arts et Métiers. — Grammaires. — Dictionnaires. — Géographies. — Voyages. — Publications pittoresques. — Illustrations, etc., etc.

Magasin d'Estampes françaises et étrangères. — Gravures et Lithographies. — Tableaux, Aquarelles et Dessins originaux. — Albums de Gravures et Keepsakes pour les salons. — Albums d'images pour les enfants. — Jolis cartonnages et autres objets de goût et de fantaisie.

Canons d'autel et Cachets de première Communion.

On trouve aussi dans mon magasin des Fournitures pour les bureaux. — Ecritoires de fantaisie. — Statuettes. — Articles pour le Dessin. — Boîtes de couleurs anglaises et françaises pour l'aquarelle. — Papier bristol teinté. — Boîtes de mathématiques. — Globes, Sphères et Atlas. — Cartes routières et géographiques de la France et des cinq parties du monde. — Encre de Guyot. — Crayons suisses. — Plumes métalliques. — Cartes à jouer, des meilleures fabriques. — Modèles d'écritures. — Principes de dessin, etc., etc.

Almanachs et Annuaires du département du Loiret et autres, pour l'année courante.

Abonnements aux Journaux par commission.

www.ingramcontent.com/pod-product-compliance
Lightning Source LLC
Chambersburg PA
CBHW060953050426
42453CB00009B/1177